BEI GRIN MACHT SICH IHR WISSEN BEZAHLT

- Wir veröffentlichen Ihre Hausarbeit,
  Bachelor- und Masterarbeit

- Ihr eigenes eBook und Buch -
  weltweit in allen wichtigen Shops

- Verdienen Sie an jedem Verkauf

Jetzt bei www.GRIN.com hochladen und kostenlos publizieren

Bibliografische Information der Deutschen Nationalbibliothek:

Die Deutsche Bibliothek verzeichnet diese Publikation in der Deutschen National-
bibliografie; detaillierte bibliografische Daten sind im Internet über http://dnb.d-
nb.de/ abrufbar.

Impressum:

Copyright © 2016 GRIN Verlag, Open Publishing GmbH
Druck und Bindung: Books on Demand GmbH, Norderstedt Germany
ISBN: 9783668471993

Dieses Buch bei GRIN:

http://www.grin.com/de/e-book/369495/rechte-unbegleiteter-minderjaehriger-
fluechtlinge-in-deutschland-eine

Sandra Blum

Rechte unbegleiteter minderjähriger Flüchtlinge in Deutschland. Eine Einordnung

GRIN Verlag

Name: Siegl, Susanne

Sozialraum- und
Gemeinwesenorientierung in der
Einwanderungsgesellschaft

Stand 14.9.2016

Die Rechte von
„Unbegleiteten minderjährigen Flüchtlingen"
in Deutschland

Inhalt

Vorwort 1

1. „Unbegleitete minderjährige Flüchtlinge" in Deutschland 2

   1.1   Wer ist ein „Unbegleiteter minderjähriger Flüchtling"? 2

   1.2 Warum flieht eine minderjährige Person unbegleitet? 3

2. Die Rechte eines „Unbegleiteten minderjährigen Flüchtlings" in Deutschland 4

   2.1 Vorläufige Inobhutnahme gemäß §42 Absatz 1, Nr. 3 SGB VIII 4

   2.2 Rechte des UMF beim Umverteilungsverfahren nach § 42b SGB VIII 6

   2.3 Rechte des UMF beim Clearingverfahren 7

   2.4 Rechte des UMF beim (gestatteten oder abgelehnten) Asylantrag nach §42 SGB VIII 9

3. Fazit 12

Literatur 14

Anhang: 16

Ein junger Mann saß mir gegenüber und hatte mich gefragt, was ich in den Ferien machen werde. Ich hatte ihm in einfachem Deutsch erklärt, dass ich eine Arbeit für das Studium schreiben werde, in der es um die Rechte „Unbegleiteter, minderjähriger Flüchtlinge" in Deutschland gehe.

> *„Was denkst du, Hadi, warum gibt Deutschland dir diese Rechte? – Schule,*
> *Betreuer, Vormund, Taschengeld, ein Zimmer ...?"*
> *„Ich denke... weil... Deutschland ist klug!"*[1]

---

[1] Name geändert, Wortlaut und Grammatik beibehalten

Vorwort

Der zitierte Minderjährige steht hier exemplarisch für minderjährige Ausländer, die ohne Familie oder Bezugsperson nach Deutschland fliehen.

Diese Arbeit schildert, welche Rechte er hat, sobald er in Deutschland „aufgefasst" wird. Den weiteren Verlauf seines Verfahrens werde ich kurz darstellen um aufzuzeigen, welche Rechte er während den einzelnen „Stationen" bis hin zum Asylantrag hat. Ausschlaggebend ist dabei §42 SGB VIII, welches 2015 speziell zur Sicherung der Kinderrechte von „Unbegleiteten minderjährigen Flüchtlingen" erweitert wurde. Das Achte Sozialgesetzbuch spricht auch „Unbegleiteten minderjährigen Flüchtlingen" das Recht „auf Förderung ihrer Entwicklung und auf Erziehung zu einer eigenverantwortlichen und gemeinschaftsfähigen Persönlichkeit" (§1 SGB VIII) zu, unabhängig seines momentanen Aufenthaltsstatus. Des Weiteren regelt das Achte Sozialgesetzbuch „den Zugang zu sozialpädagogischen Leistungen auf der Grundlage individueller Bedarfe und struktureller Notwendigkeiten" (Zurwonne et.al. 2016, S. 3), wie in den verschiedenen Punkten gezeigt wird. Regelungen für das Aufenthaltsrecht bestimmt das Aufenthaltsgesetz. Der letzte Punkt bearbeitet die Asylantragstellung eines „unbegleiteten minderjährigen Flüchtlings", welche vorranging im Asylgesetz geregelt ist. Darüber hinaus sind bestimmte Vorgaben zu „Unbegleiteten minderjährigen Flüchtlingen" europaweit von EU-Richtlinien festgelegt; international ist die UN-Kinderrechtskonvention zu beachten.

Bestimmte Paragraphen beinhalten auch Pflichten die „Unbegleitete minderjährige Flüchtlinge" nachkommen müssen, diese werden innerhalb der Arbeit allerdings nicht erläutert.

Für mich persönlich interessant ist es, in meiner Teilzeitarbeitsstelle zu sehen, wie diese Rechte von „Unbegleiteten minderjährigen Flüchtlingen" konkret umgesetzt werden. Einen kleinen Einblick stelle ich im letzten Punkt dar.

1. „Unbegleitete minderjährige Flüchtlinge" in Deutschland

„Flüchtling" wurde am 11. Dezember 2015 von der Gesellschaft für deutsche Sprache zum „Wort des Jahres" gewählt. (GfdS 2015) Dabei wurde sicherlich von den meisten Wählern, nicht die enge juristische Bezeichnung gemeint, „wonach ein Flüchtling diesen Status [erst] nach dem erfolgreichen Durchlaufen eines Anerkennungsverfahrens" (Deutscher Caritasverband 2014, S. 17, Hinzufügung: S.S.) erhält. Der Begriff „Flüchtling" wird gewöhnlich, sowie auch in dieser Arbeit für Menschen verwendet, die einen Asylstatus oder auch einen anderen Aufenthaltsstatus in Deutschland ersuchen. Dabei schließt die Bezeichnung die „anerkannten Schutzsuchenden" weiterhin mit ein. (vgl. Deutscher Caritasverbund 2014, S. 18)

Weitere Begriffe, die im letzten Jahr wachsende Verwendung erfuhren, waren die Abkürzungen UMF und UMA. Sie stehen je nach Gebrauch für den „Unbegleiteten minderjährigen Flüchtling" bzw. „Ausländer", oder aber auch für die „Unterbringung minderjähriger Flüchtlinge" bzw. „Ausländer". Nach dem Bundesfachverband für unbegleitete minderjährige Flüchtlinge unterschlägt die Bezeichnung „Unbegleiteter minderjähriger Ausländer" allerdings die Fluchterfahrung und bezeichnet dagegen eine „Nicht-Zugehörigkeit" (BumF 2015a). Eine Unterscheidung ist aufgrund dieser Erklärung in hier ausgelassen, im Weiteren wird „UMF" im Sinne von „Unbegleiteter minderjähriger Flüchtling" verwendet.

1.1 Wer ist ein „Unbegleiteter minderjähriger Flüchtling"?

Als „Unbegleitete minderjährige Flüchtlinge" werden Menschen bezeichnet, die unter 18 Jahren sind und „ohne sorgeberechtigte Begleitung" (Zurwonne 2016, S.1) (wie Eltern oder andere Erziehungsberechtigte) aus ihrem Heimatland fliehen. In diese Bezeichnung fallen auch minderjährige Flüchtlinge, die ihre Erziehungsberechtigte im Heimatland oder auf der Flucht verloren haben, ebenfalls wenn sie sich von ihnen getrennt haben und die Erziehungsberechtigten sich nicht in Deutschland aufhalten, bzw. die Trennung von längerfristiger Dauer ist. (vgl. Deutscher Caritasverband 2014, S. 17).

1.2 Warum flieht eine minderjährige Person unbegleitet?

Häufig ist die politische Aktivität und Bedrohung der Eltern ein Fluchtgrund der Minderjährigen. Zum Teil werden sie auch von Eltern oder Verwandten „geschickt". Es ist kaum möglich alle Fluchtgründe Minderjähriger aufzuzählen, da jeder seine eigene Geschichte hat[2]. Verschiedene Kriege und Terrormilizen, bedrohende wirtschaftliche Probleme, fehlende (Schul- und Aus-) Bildungsmöglichkeit, familieninterne Gewalt oder Missbrauch, eigene Verfolgung oder Diskriminierung auf Grund von Minderheitszugehörigkeit, Religion, politischer Aktivität, Sippenhaft sowie Zwangsprostitution, -heirat und - beschneidung sind einige der vielen Ursachen. Speziell als kinderspezifische Fluchtursachen sind Zwangsrekrutierung als Kindersoldat oder Kinderhandel, sowie die Suche nach Familienmitgliedern genannt. (vgl. Deutscher Caritasverbund 2014, S. 23 und Zurwonne et.al. 2016, S. 1).

Meist sind es mehrere Faktoren, die den Jugendlichen oder die Familien zu dem Entschluss kommen lassen, in ein anderes Land zu fliehen. Viele der mir bekannten syrischen und afghanischen Flüchtlinge flohen „erstmal" im eigenen Land, oder in ein Nachbarland. Doch häufig konnten sie auch dort nicht lange „würdig" leben, sodass die Flucht nach Europa geplant wurde. Das genaue Ziel ist wiederum von Person zu Person verschieden. Manche haben konkrete Adressen von Verwandten oder Bekannten, andere wollen einfach nur nach Europa oder konkreter nach Deutschland.

Die Dauer und die Umstände der Flucht sind stark abhängig von den finanziellen Mitteln der Jugendlichen, bzw. ihrer Familien. So haben sich von den zwanzig in meiner Arbeitsstätte untergebrachten Jugendlichen acht von Land zu Land „durchgearbeitet".

---

[2] Dies erfuhr ich ganz konkret in der Arbeit mit 18 unbegleiteten minderjährigen Jungs in meiner Arbeitsstelle. Das Schicksal eines der Jungen wird im angehängten Zeitungsartikel erzählt. Der Bericht der Diakonie lässt in den Arbeitsalltag in der Unterbringung für unbegleitete minderjährige Ausländer einblicken, in der ich arbeite.

2. Die Rechte eines „Unbegleiteten minderjährigen Flüchtlings" in Deutschland

2009 veröffentlichte die UNHCR „Richtlinien zum internationalen Schutz: Asylanträge von Kindern". Darin wird die besondere Belastung für Kinder und Jugendliche auf einer Flucht beschrieben. Unter anderem nennen sie, dass auf Grund der Entwicklung und Bildung der Kinder und Jugendlichen das Erleben von Verfolgung, Gewalt, Gewalt an Familienangehörigen oder Freunden, sowie das Verschwinden oder Ermordung bekannter Menschen zu einer „wohlbegründeten Furcht vor Verfolgung" (Deutscher Caritasverbund 2014, S. 25) führen, auch wenn die Verpflegung nicht direkt ihre Person betraf.

Des Weiteren ist der genannte Personenkreis im Vergleich zu Erwachsenen einer doppelten Belastung ausgesetzt, da sie neben den Fluchterlebnissen die Trennung aus ihrem familiären Kontext oder ihrem gewohnten sozialen Umfeld verarbeiten müssen, sodass sie körperlich, sozial und psychisch leiden, weil sie ohne Schutz durch erwachsene Begleiter sind. Diese besondere Situation, sowie die UN-Kinderrechtskonvention und viele Organisationen und Menschen, die sich für Rechte von Kindern und Jugendliche stark machen, verlangten eine ausdifferenzierte Gesetzeslage. Insofern war es dringend notwendig, dass im November 2015 einige Gesetze zum besonderen Umgang und Rechte von minderjährigen Flüchtlingen erlassen wurden.

Im Folgenden sind die verschiedenen Stationen und die Rechte, von Ankommen bis zum abschließenden ggf. gestellten Asylantrag eines minderjährigen Flüchtlings beschrieben.

2.1 Vorläufige Inobhutnahme gemäß §42 Absatz 1, Nr. 3 SGB VIII

Ein „Unbegleiteter minderjähriger Flüchtling" hat nach § 42 SGB VIII einen Rechtsanspruch auf Schutzgewährung. Das heißt, wird das Kind oder die jugendliche Person als minderjährig und unbegleitet „erkannt", ist das Jugendamt in der Pflicht eine „Inobhutnahme" durchzuführen. Minderjährige Unbegleitete dürfen nicht in einer üblichen Erstaufnahmestelle für Erwachsene und Familien bleiben, sondern haben das Recht auf eine „vorläufige Unterbringung (…) und sozialpädagogische Betreuung und Klärungshilfe" (Deutscher Caritasverbund 2014, S. 56). Die „vorläufige Unterbringung" kann „bei einer geeigneten Person [Verwandte oder auch Pflegepersonen] oder in einer geeigneten Einrichtung" (§42 Abs. 1 SGB VIII), z.B. eine Wohngruppe mit Heimbetreuung sein.

Die Situation, bzw. das Vorgehen muss dem Kind oder jugendlichen Person erklärt, sowie Hilfe- und Unterstützungsmöglichkeiten aufgezeigt werden (vgl. §42 Abs. 2 SGB VIII). Während der Inobhutnahme (und allen weiteren Schritten) muss das Kindeswohl sichergestellt sein, außerdem darf das Kind oder die jugendliche Person „unverzüglich (...) eine Person seines Vertrauens (...) benachrichtigen" (§42 Abs. 2 SGB VIII). Für die Unterbringung muss das Jugendamt den notwendigen Unterhalt und die Krankenhilfe bereitstellen. Zwar ist das Jugendamt bei dieser Handlung leitend, doch „der mutmaßliche Wille der der Personensorge- oder der Erziehungsberechtigten ist dabei angemessen zu berücksichtigen" (§42 Abs. 2 SGB VIII). Da sich diese nur in seltenen Fällen in Deutschland aufhalten, hat das Kind bzw. die jugendliche Person Recht auf eine „Bestellung eines Vormunds oder Pflegers" (§42 Abs. 3 Satz 4 SGB VIII). Sofern die Personensorgeberechtigten der Inobhutnahme nicht widersprechen (können, z.B. auf Grund von Unerreichbarkeit), hat die minderjährige Person weiter das Recht ein „unverzüglich[es] Hilfeplanverfahren zur Gewährung [s]einer Hilfe" (§42 Abs. 2 Satz3 SGB VIII).

Der Artikel 42 des SGB VIII wurde teilweise von Bundesland zu Bundesland verscheiden ausgelegt. Mancherorts war die Inobhutnahme abhängig vom Aufenthaltsstatus etc. Im Herbst 2015 wurde die Umverteilung von Minderjährigen bundesweit festgelegt. Dabei wurde der Paragraph 42 um 42a-f erweitert. Dadurch ist die Unterbringung, Versorgung und Betreuung ausländischer Kinder und Jugendlichen differenzierter vorgeschrieben. In Kraft getreten ist dies am 1.11.2015. Dabei wird §42 SGB VIII um folgendes erweitert, bzw. detaillierter verfasst:

In §42a Abs. 2 ist klargestellt, dass das Jugendamt *zusammen mit der minderjährigen Person* einzuschätzen hat, ob durch das Verfahren das Kindeswohl sichergestellt ist, so auch ob eine gemeinsame Unterbringung mit Geschwistern oder anderen ausländischen Minderjährigen zum Wohl beitragen kann, ob und welche Verwandte der minderjährige Person sich im Inland und auch Ausland aufhalten und wie es um den Gesundheitszustand des minderjährigen Flüchtlings steht. Wird dieser auch 14 Tage nach der ärztlichen Untersuchung für kritisch eingestuft, so wird er aus dem Umverteilungsverfahren ausgeschlossen. (vgl. §42a Abs. 2 SGB VIII und § 42b Abs. 4, Nr. 2 SGB VIII)

In §42a Abs. 3 wird betont, dass nicht nur die Sorgeberechtigten bei Rechtshandlungen zu berücksichtigen sind, sondern auch das Kind oder die jugendliche Person selbst zu beteiligen ist (vgl. §42a Abs. 3 SGB VIII). Grundsätzliche Beteiligung und Information des „Unbegleiteten minderjährigen Flüchtlings" besteht durch § 8 SGBVIII.

Wenn das „Kindeswohl" nach §42a Abs. 2 SGB VIII bei der Umverteilung gesetzlich für bedroht eingeschätzt wird, eine kurzfristige Zusammenführung mit einer verwandten Person nach §42 a Abs. 3 SGB VIII möglich ist oder die Umverteilung sich über einen Monat hinauszögert (vgl. §42a Abs. 4 SGB VIII) wird der „Unbegleitete minderjährige Flüchtling" vom Umverteilungsverfahren ausgenommen und bleibt in seiner ersten Inobhutnahmestelle.

2.2 Rechte des UMF beim Umverteilungsverfahren nach § 42b SGB VIII

Der „Unbegleitete minderjährige Flüchtling" hat das Recht, in dem Bundesland untergebracht zu werden, in dem er in vorläufige Inobhutnahme genommen wurde, sofern dieses Land seine Aufnahmequote nach §42c SGBVIII noch nicht erfüllt hat. Ist diese bereits erfüllt, kommt der „Unbegleitete minderjährige Flüchtling" laut §42b Abs. 2 Satz 2 SGB VIII in das nächstgelegene Bundesland. Dort muss er gewöhnlich vom Landesjugendamt innerhalb von zwei Werktagen einem Jugendamt überstellt werden, welches ihn in einer geeigneten Unterkunft in ihrem Gebiet unterbringt. Dabei sind „die spezifischen Schutzbedürfnisse und Bedarfe „Unbegleiteter ausländischer Minderjähriger"(§42b Abs. 3 Satz2 SGB VIII) sicherzustellen. Ein weiteres Recht, speziell für unbegleitete, minderjährige, geflüchtete Geschwister ist, die gemeinsame Verteilung und Unterbringung, sofern es dem Kindeswohl dient (vgl. §42b Abs. 5 SGBVIII). Auch gemeinsam Geflüchtete oder Verwandte können zusammen verteilt und untergebracht werden, wenn es ihr „Kindeswohl erfordert" (§42b Abs.5 SGBVIII). (vgl. Zurwonne et.al. 2016, S. 2)

Außerdem greift hier auch §5 SGB VIII, das besagt, dass die jugendliche Person in gewissem Maße ein Recht hat, „zwischen Einrichtungen und Diensten verschiedener Träger zu wählen" (§5 SGB VIII).

Gegebenenfalls hat der „Unbegleitete minderjährige Flüchtling" durch das jeweilige Landesrecht (vgl. §42b Abs. 8 SGB VIII) weitere nennenswerte Rechte. Diese werden hier allerdings auf Grund von der großen Menge an Unterschiedlichkeiten ausgespart.

Nach der abgeschlossenen Umverteilung des „Unbegleiteten minderjährigen Flüchtlings", beginnt das sogenannte Clearingverfahren, welches sich auch von Bundesland zu Bundesland unterscheidet.

2.3 Rechte des UMF beim Clearingverfahren

Das Recht auf Klärungshilfe im Rahmen der Inobhutnahme wird „Clearingverfahren" genannt. Dabei geht es darum, die Situation des „Unbegleiteten minderjährigen Flüchtlings" mit ihm selbst zu klären „und Möglichkeiten der Hilfe und Unterstützung aufzuzeigen" (§42 Abs. 2 Satz 1 SGBVIII). Eine Vorgabe aus der EU-Aufnahmerichtlinie ist in Zusammenhang mit diesem Recht besonders erwähnenswert: Nach Art. 24 Abs. 3 der EU-Aufnahmerichtlinie 2013/33/EU haben sich alle Mitgliedstaaten um das Ausfindigmachen der Familienangehörigen baldmöglichst zu kümmern. Wichtig dabei ist die Fluchtursachen zu überprüfen, da gerade bei Minderjährigen auch „Familie" als Fluchtfaktor vorkommen kann (auf Grund von Zwangsheirat o.ä.). Der „Unbegleitete minderjährige Flüchtling" hat das Recht beim Clearingverfahren, seine Fluchtmotive, aber auch momentane Probleme und Bedürfnisse kundzutun.

In manchen Bundesländern gibt es laut Diakonie „Clearinghäuser", in denen sich die Jugendlichen bis zur Beendigung der Clearingphase aufhalten. Die Clearingphase kann aber auch von der sozialpädagogischen Einrichtung in Kooperation mit dem Jugendamt durchgeführt werden. In erster Linie geht es bei dem „Clearing" darum, den „Unbegleiteten minderjährigen Flüchtling" zu beraten und Hilfs- und Unterstützungsmöglichkeiten aufzuzeigen.

Das zuständige Jugendamt hat in Kooperation mit der Unterbringungsreinrichtung bzw. der Betreuungsperson dem Jugendlichen Wohnraum, Nahrung, Kleidung und Schutz zu geben (vgl. Deutscher Caritasverband 2014, S. 62).

Im Sinne von SGB VIII ist abzuklären, welche möglichen Hilfen der unbegleitete Minderjährige in Anspruch nehmen kann. So wird z.B. geklärt, ob auf Grund traumatischer Erfahrungen „therapeutischer Bedarf" (Deutscher Caritasverbund 2014, S. 64) besteht, aber auch allgemeinere Dinge, wie, ob das Menschenrecht auf Bildung (vgl. Vereinte Nationen 1948, S. 5 (UN-Menschenrechte Art. 26), vgl.

BmFSFJ 2014, S. S. 22 (UN-Kinderrechtskonvention Art. 28), vgl. §1 SGB VIII) dem Minderjährigen ermöglicht werden.

Da im meisten Fall die elterliche Sorge gesetzlich gesagt „ruht", hat der Minderjährige beim Jugendamt unverzüglich das Recht auf einen Vormund; das Jugendamt hat die Bestellung zu veranlassen (vgl. §42 Abs.3 in Verbindung mit §42 Abs.1 Nr. 3 SGB VIII; auch: §1773 Abs. 1 BGB). Dieser ist die gesetzliche Vertretungsperson des Minderjährigen. Dies entspricht dem 20. Artikel der UN-Kinderrechtskonvention (1989), welches allen Kindern das Recht auf „besonderen Schutz und Beistand des Staates" (UN-Kinderrechtkonvention Art. 20 1989) zuspricht (vgl. Deutscher Caritasverbund 2014, S. 65). Sind die Eltern z.B. mit Hilfe von modernen Kommunikationsmitteln im Ausland zu erreichen, kann das Sorgerecht auch „aus der Ferne ausgeübt" (ebd. S. 66) werden. Diese Möglichkeit wird dadurch erschwert, dass die Verbindung aufgrund Zerstörung oder Überwachung des Herkunftslandes unsicher und nicht regelmäßig möglich ist. Bei der Auswahl des Vormunds muss sich das zuständige Familiengericht das Jugendamt „anhören" (§1779 BGB) und dann den „mutmaßlichen Willen der Eltern, die persönlichen Bindungen des Mündels [dem UMF], die Verwandtschaft oder Schwägerschaft mit dem Mündel sowie dessen religiöses Bekenntnis (…) berücksichtigen" (§1779 BGB). Anders ausgedrückt hat der „Unbegleitete minderjährige Flüchtling" ein Recht auf einen „parteiischen Interessenvertreter" (Deutscher Caritasverbund 2014, S. 67). Dieser Vormund vertritt den „Unbegleiteten minderjährigen Flüchtling" vor dem Gesetz und ist seiner Personensorge verpflichtet. Nach §1613 BGB beinhaltet die Personensorge das „Recht und die Pflicht, das Kind zu pflegen, zu erziehen, zu beaufsichtigen und seinen Aufenthalt zu bestimmen". Üblich ist, dass die Erziehungsverantwortung zum größten Teil durch die Veranlassung einer Unterbringung in einer Jugendhilfeeinrichtung an diese abgegeben wird. Laut SGB VIII werden die Aufgaben des sich dafür verpflichtenden Vormunds und die Rechte des „Unbegleiteten minderjährigen Flüchtlings" durch den „Hilfeplan" geregelt. Der § 1793 BGB Abs. 2 schreibt vor, dass der Vormund (um den „Unbegleiteten minderjährigen Flüchtling" angemessen vertreten zu können) persönlichen Kontakt zu seinem sogenannten Mündel zu halten hat. Das heißt nach §1793 Abs. 1a hat der „Unbegleitete minderjährige Flüchtling" rückschließend das Recht auf monatlichen persönlichen Kontakt mit seinem Vormund. Dabei ist die Art der Vormundschaft irrelevant.

Für Angelegenheiten, „an deren Besorgung die Eltern oder der Vormund verhindert sind", kann der Minderjährige einen sogenannten „Pfleger" (§1909 BGB) erhalten.

Ist das Clearingverfahren, dessen Dauer ganz unterschiedlich sein kann (je nach Verfahrensart und persönlicher Situation des UMFs), beendet, kommt die Entscheidung über eine geeignete Folgeeinrichtung, bzw. die Suche nach einer, sowie ggf. spezifische Hilfen (vgl. Deutscher Caritasverbund 2014, S. 80). Nach eigener Erfahrung bleibt der „Unbegleitete minderjährige Flüchtling" meist in der Unterkunft, in der er während der Clearingphase betreut wurde, sofern diese dafür geeignet ist (Einrichtungen nach §34 SGB VIII, „Heimerziehung, sonstige betreute Wohnform"). Auf Wunsch und bei jüngeren Kindern wird für gewöhnlich nach der Umverteilung eine Vollzeitpflegestelle (§33 SGBVIII) oder Plätze in Kinderdorffamilien in Betracht gezogen. Hat der unbegleitete Minderjährige „keinen Zugang" mehr zu den Hilfsangeboten, benötigt aber gravierende Hilfe bei der Verselbständigung, im persönlichen Bereich, bei der Sicherung materieller Existenz und Alltagsorganisation, kann er nach §35 SGB VIII intensive sozialpädagogische Betreuung erhalten.

2.4 Rechte des UMF beim (gestatteten oder abgelehnten) Asylantrag nach §42 SGB VIII

Der „Unbegleitete minderjährige Flüchtling" hat das Recht in der ersten Inobhutnahme durch das Jugendamt bzw. seinem Vormund die Chancen und Alternativen eines Asylantrags aufgeklärt zu werden und einen Asylantrag zu stellen (vgl. §42 und §42a SGB VIII). Die Verantwortung dafür liegt im Jugendhilfesystem (vgl. Schwarz 2016, S. 15). „Grundsätzlich ist ein UMF nicht verpflichtet, (durch den Vertreter) umgehend nach Einreise einen Asylantrag zu stellen. Dies kann auch zu einem späteren Zeitpunkt geschehen." (Schwarz 2016, S. 15).

Der Absatz „Rechte bei Asylantrag" ist sehr komplex und schwierig zusammenzufassen, da hier die Rechte bzw. Chancen auf Asyl des UMF sehr individuell sind, je nach Herkunftsland, Fluchtursache etc. So gibt es die nach der Asylstatistik errechnete Schutzquote von 98% bei den Herkunftsländern: Afghanistan, Eritrea, Irak, Syrien, Somalia (vgl. Schwarz 2016, S. 15). Dies ist aber kein „Recht" auf das sich der Minderjährige stützen kann. Unbegleitete minderjährige

Flüchtlinge bekommen meist „Flüchtlingsschutz nach der GFK[3] oder subsidiäre[n] Schutz" (Schwarz 2016, S. 15; Hinzufügung: S.S.) anerkannt. Das heißt „Unbegleitete minderjährige Flüchtlinge" aus den genannten Ländern haben „grundsätzlich einen möglichen Schutzanspruch", so Schwarz, weshalb sie einen zeitigen Asylantrag empfiehlt. Liegt ein oben beschriebener kinderspezifischer Fluchtgrund bei anderen Herkunftsländern vor, besteht ebenfalls dieser Schutzanspruch (vgl. Schwarzer 2016, S. 15).

Bei der Anhörung des Asylsuchenden hat der Minderjährige Anspruch auf einen Sonderbeauftragten für „Unbegleitete minderjährige Flüchtlinge" und auf Beteiligung seines Vormunds (vgl. Schwarz 2016, S. 15). Eine Ablehnung mit Abschiebung auf Grund von einem „offensichtlich unbegründeter Asylantrag" kann bei Minderjährigen nur selten (nur bei „sicheres Herkunftsland oder Gefahr für die öffentliche Sicherheit und Ordnung") erfolgen (vgl. Schwarz 2016, S. 15). Viele „Unbegleitete minderjährige Flüchtlinge" bekommen eine sogenannte „Duldung". Das ist kein fester Aufenthaltsstatus, sondern beschreibt die „Aussetzung der Abschiebung", da nach § 58 Abs. 1a Aufenthaltsgesetz bei einer Abschiebung die Behörden sicher sein müssen, dass der Minderjährige in dem Rückkehrstaat zu einem Personensorgeberechtigten, oder in eine „geeignete Aufnahmeeinrichtung" (§58 Abs. 1a Aufenthaltsgesetz) kommt.

Unbegleitete minderjährige Flüchtlinge, die lediglich geduldet sind, leben (…) mit der Angst, abgeschoben werden zu können [gerade wenn sie auf das Vollenden ihres 18. Lebensjahr zugehen]. Meistens werden UMF bis zur Volljährigkeit aufgrund von § 58 Abs. 1a Aufenthaltsgesetz geduldet." (Zurwonne et.al. 2016, S. 1). Danach kommt es darauf an, ob sie die „Voraussetzungen für einen Aufenthaltstitel erfüllen. So kann zum Beispiel ein minderjährig Geflüchteter, der sich nach § 25 Aufenthaltsgesetz „gut integriert hat" eine Aufenthaltsgewährung bekommen. Dazu muss er nach § 25 Aufenthaltsgesetz

1. bereits vier Jahre „geduldet oder anerkannt im Bundesgebiet leben,
2. in der Regel vier Jahre erfolgreich die Schule besucht oder einen Schul- oder Berufsabschluss erworben haben,
3. seinen Antrag vor dem 22. Geburtstag gestellt haben,

---

[3] GFK: „Das „Abkommen über die Rechtsstellung der Flüchtlinge"- wie der eigentliche Titel der Genfer Flüchtlingskonvention (GFK) lautet – wurde am 28. Juli 1951 verabschiedet. Bis heute ist die GFK das wichtigste internationale Dokument für den Flüchtlingsschutz." (UNHCR 2016)

4. seine Lebensverhältnisse auf Grund bisheriger Schulbildung und Lebensverhältnisse die der Bundesrepublik Deutschland entsprechen und

5. er sich der freiheitlichen demokratischen Grundordnung Deutschlands bekennen würde (vgl. § 25 Abs. 1 Aufenthaltsgesetz).

„Wurde der Antrag abgelehnt, muss dem Kind die Nachricht besonders behutsam beigebracht und erklärt werden, welche nächsten Schritte unternommen werden können, um psychische Belastung oder Leid zu vermeiden oder zu mildern.", so fordert es Art. 77 der UNHCR-Richtlinie zum internationalen Schutz im Jahr 2009.

3. Fazit

In meiner Praxis erlebe ich, dass die in dieser Arbeit beschriebenen Rechte von den Jugendlichen wahrgenommen werden - je nach Person und Situation, das eine mehr das andere weniger. Bei den Leistungen, die ihnen diese Rechte zusprechen, gibt es Mängel. Nach meiner Erfahrung wird gerade der monatliche persönliche Kontakt des Vormunds zu seinem Mündel nur von wenigen Vormündern ausgeführt. Mancher Vormund nutzt, um seine zeitliche Beschränkung (da die Inobhutnahmen von UMF schon im Jahr 2014 „um etwa 45 % gestiegen" sind (BumF 2015) zu kompensieren, stattdessen die digitalen Kommunikationsmöglichkeiten mit dem Jugendlichen.

Die angestrebte gemeinsame Verteilung von Geschwistern ist ein großer Schritt, was das soziale Umfeld in Bezug auf das Kindeswohl angeht. §42b SGBVIII vergisst dabei allerdings getrennt voneinander eingereiste Geschwister, die zeitlich und eventuell auch lokal verschieden ankommen bzw. ankamen. Auch wenn sie häufig nicht für einander sorgen können, würde es dem Wohl des minderjährigen Flüchtlings gut tun. Diese Situation wird allerdings im §42b SGBVIII nicht genannt. Doch in den ersten Clearinggesprächen sollte solch eine Situation erkannt und eine lokal angemessene Lösung gefunden werden. So wurde zum Beispiel ein Junge in unsere Einrichtung „verteilt", damit er seinen Bruder in der Nachbarstadt häufig besuchen kann, nach dem dessen Unterkunft keine Plätze für Minderjährige frei hatte.

In den Gesprächen mit den Jugendlichen fällt mir auf, dass sich die meisten der Jüngeren (14-16jährigen) gerne eine familiäre Vollzeitpflege wünschen. Diese Unterbringungsart hat „bundesweit einen sehr unterschiedlichen Stellenwert." (BumF 2016a). Was aber im öffentlichen Rahmen getan werden könnte/getan wird, ist, Familien das Leben als Gastfamilie in Form der Vollzeitpflege nach §33 SGBVIII bekannter und „beliebter" zu machen. Pflegepersonen und –familien muss in erster Linie mehr Unterstützung und Wertschätzung entgegen gebracht werden.

Partizipation nach §8 SGB VIII ist für die meisten Jugendlichen aus ihren Herkunftskulturen in der deutschen Art und Weise unbekannt. Den einen fällt es sichtlich schwer mit dieser Forderung der Beteiligung klarzukommen. Für andere ist es nach der erzwungenen Selbständigkeit auf der Flucht, eine große Herausforderung sich in ein System einzuordnen. Dieser Paragraph ist meiner Meinung nach daher sehr wichtig, um „gute Integration" und das „Verstehen" der

„freiheitlichen demokratischen Grundordnung Deutschlands" (§25 Abs. 1, Nr. 5 Aufenthaltsgesetz) den Jugendlichen zu ermöglichen. Er hebt den „Unbegleiteten minderjährigen Flüchtling aus der Schützlings- und Opferrolle heraus, und gibt ihm die Möglichkeit selbst Akteur zu sein. Wie der Bundesfachverbund für UMF schreibt: „Oft gerät (...) in den Hintergrund, dass diese Jugendlichen nicht allein Opfer, sondern ebenso kompetente und aktiv handelnde Menschen mit vielfältigen Ressourcen sind." (BumF 2016)

Und gerade diese Rechte, die Ressourcen der Jugendlichen herausfordert, macht Deutschland (laut Hadi) zu einem „klugen" Land. Er erläuterte dies damit, dass Deutschland durch diese „Rechte" gute Arbeiter bekommt, und somit mehr Geld. Außerdem stellte er fest, dass es auch klug sei, da durch diese Rechte es wiederum Arbeit für „Deutsche" gibt, wie die Betreuer und Lehrer. Denn in seinem Land, so sagte er, ist das das größte Problem: keine Arbeit und keine Perspektive - stattdessen die Gefahr des Terrors und der Gewalt.

.

Literatur

Aufenthaltsgesetz (2016).

Bundesfachverband unbegleitete minderjährige Flüchtlinge BumF (2016): Gesellschaftliche Beteiligung von jungen Flüchtlingen. Paradigmenwechsel: Vom abhängigen Opfer zum handlungsfähigen Akteur. http://www.b-umf.de/de/themen/partizipation (abgerufen am 4.6.2016).

Bundesfachverband unbegleitete minderjährige Flüchtlinge BumF (2016a): Aktuelles vom Verband und zur Situation junger Geflüchteter. Gastfamilien-Hilfsbereitschaft nutzen statt ausnutzen. http://www.b-umf.de/images/ Gastfamilien-_Hilfsbereitschaft_nutzen_oder_ausnutzen.pdf (abgerufen am 4.6.2016) Berlin: k.V

Bundesfachverband unbegleitete minderjährige Flüchtlinge BumF (2015): Inobhutnahmen von unbegleiteten Minderjährigen im Jahr 2014. Auswertung der Erhebung des Bundesfachverband UMF. Berlin: k.V.

Bundesfachverband unbegleitete minderjährige Flüchtlinge BumF (2015a): Kritik an der Bezeichnung „unbegleitete minderjährige Ausländer_in". Berlin: k.V.

Bundesministerium für Familie, Senioren, Frauen und Jugend (Hrsg.) 2014: Übereinkommen über die Rechte des Kindes. VN-Kinderrechtskonvention im Wortlaut mit Materialien. Referat Öffentlichkeitsarbeit, Berlin: k.V.

Bürgerliches Gesetzbuch (2016).

Deutscher Caritasverband e.V. Referat Migration und Integration (Hrsg.) Stephan Schmieglitz u.a. (2014): Unbegleitete minderjährige Flüchtlinge in Deutschland. Rechtliche Vorgaben und deren Umsetzung. Freiburg im Breisgau: Lambertus-Verlag.

Zurwonne, Melanie/Pape, Ulrike/Schneider, Sarah (2016): Diakonie Thema kompakt: Unbegleitete minderjährige Flüchtlinge. Berlin: Evangelisches Werk für Diakonie und Entwicklung e.V.

Europäisches Parlament, Rat der Europäischen Union (2013) : Richtlinie 2013/32/EU des Europäischen Parlaments und des Rates vom 26. Juni 2013 zu gemeinsamen Verfahren für die Zuerkennung und Aberkennung des internationalen Schutzes. Amtsblatt der Europäischen Union. eur-lex.europa.eu (abgerufen am 1.6.2016).

Europäisches Parlament, Rat der Europäischen Union (2013) : Richtlinien 2013/33/EU des europäischen Parlaments und des Rates vom 26. Juni 2013 zur Festlegung von Normen für ie Aufnahme von Personen die internationalen Schutz beantragen. Amtsblatt der Europäischen Union. eur-lex.europa.eu (abgerufen am 1.6.2016).

Europäisches Parlament, Rat der Europäischen Union (2003): Richtlinie 2003/86/EG der europäischen Union vom 22.09.2003: Familienzusammenführungsrichtlinie. Amtsblatt der Europäischen Union, o.O. eur-lex.europa.eu (abgerufen am: 1.6.2016).

GfdS Gesellschaft für deutsche Sprache (2015):. Pressemitteilungen - Meldung vom 11. Dezember 2015: „GfdS wählt »Flüchtlinge« zum Wort des Jahres 2015". http://gfds.de/wort-des-jahres-2015/ (abgerufen am 6.6.2016).

Schwarz, Ulrike (2016): "Asylantrag bei UMF: Besonderheiten und Handlungsalternativen". In: Arbeitsgemeinschaft Ausländer- und Asylrecht des Deutschen Anwaltsvereins (Hrsg.) (2016): Anwaltsnachrichten Ausländer- und Asylrecht. Heft 2/2016, S. 15-16. Baden-Baden: Nomos Verlagsgesellschaft.

Sozialgesetzbuch – Achtes Buch: Kinder- und Jugendhilfe (2015).

UNHCR- The UN Refugee Agency (2016): Mandat: Genfer Flüchtlingskonvention. http://www.unhcr.de/mandat/genfer-fluechtlingskonvention.html (abgerufen am 3.6.2016).

UNHCR- The UN Refugee Agency (2009): Richtlinien zum internationeln Schutz: Asylanträge von Kindern im Zusammenhang mit Artikel 1 (A) 2 und 1 (F) des Abkommens von 1951 bzw. des Protkolls von 1967 über die Rechtsstellung der Flüchtlinge. B-umF. http://www.b-umf.de/images/Gesetze/unhcr-richtlinien-asylverfahren-kinder-2009.pdf (abgerufen am 6.6.2016).

Vereinte Nationen (1948): 3. Tagung: Resolution der Generalversammlung 217 a (III). Allgemeine Erklärung der Menschenrechte. Artikel 26. K.O.: k.V.

Anhang:

http://www.schwarzwaelder-bote.de/inhalt.freudenstadt-im-bombenhagel-
von-familie-getrennt.9f8d8d6c-6f29-40b4-9314-63e7a740044c.html